そのまま使えるモデル英文契約書シリーズ

はじめに

　人口減少が続く中、これまで国内市場のみを対象としてきた日本の中堅・中小企業であっても、ビジネスの維持・発展のためには、海外の旺盛な需要を取り込む必要がある。しかし、同じ文化に属する国内取引先と違って、海外企業との取引では思わぬトラブルが発生することがある。これは、早くから国際取引に乗り出してきた日本の大企業が経験してきたことであり、不慣れだったでは済まないほどの大きな損失を被った例も少なくない。これに対して、中堅・中小企業が国際取引において損失を被った場合、それを吸収するだけの体力がないおそれもある。

　先人が経験した苦い経験を繰り返す必要はない。これから国際取引に乗り出そうとする企業は、過去の経験に学び、国際取引に伴うトラブルに備えた適切な予防措置をとるべきである。すなわち、外国企業から示された英文契約書案にそのままサインするのではなく、日本企業の立場から様々な事態を想定し、相手方に対して逆提案をし、きちんとした交渉を経た上で契約を締結すべきである。とはいえ、国際取引に不慣れな企業にとって、自ら詳細な英文契約書を作成することは困難であり、またその作成を渉外弁護士に依頼した場合には高額な費用が発生する。

　そこで、JCAA では、これまで日本企業が当事者となった仲裁事件を処理してきた経験に照らし、国際取引に不慣れな中堅・中小企業が契約書を作成する際に参考にして頂くべく、本シリーズを発刊することとした。本シリーズでは、各条項の解説の随所で、その条項の説明にとどまらず、その条項が扱っている事項はどのような意味があるのかを自覚的に考えることができるように工夫している。なお、異なるモデル契約書に登場する類似の条項例や解説は必ずしも同一ではないが、趣旨は同じである。

　また、国内の取引では紛争解決はいずれかの地方裁判所での裁判により最終的には解決される旨を定めるのが当然と考えてきたかもしれないが、国際取引をめぐる紛争については、外国での裁判を飲まざるを得ないとすれば、それは外国語で外国訴訟法に基づく手続の末に外国人の裁判官が外国語で判決を下すことを意味する。他方、日本での裁判は相手方の外国企業が拒否することになろう。そのため、国際取引紛争の解決のためには仲裁が用いられることが多い。すなわち、日本人と外国人から構成される仲裁廷により最終的な解決を図るのである。本シリーズでは、JCAA ならではのこととして、仲裁条項のドラフティングについて詳しく説明している。

　本シリーズのモデル英文契約書が実際の契約書作成にあたり参考となれば幸いである。最後に、本シリーズの刊行にあたり、丁寧な監修により最新のモデル契約書に刷新して頂いたアンダーソン・毛利・友常法律事務所の仲谷栄一郎弁護士及び中川裕茂弁護士に厚く御礼申し上げたい。

2020 年 4 月

日本商事仲裁協会（JCAA）仲裁・調停担当執行理事

道垣内　正人

目 次

CD-ROM：合弁契約書【英語、日本語】（MS-Word）

I.　合弁契約の概要

1.　合弁契約とは
複数の当事者が共同して事業を行うためにとりかわされるのが合弁契約である。

2.　本条項例
　本条項例は、外国において日本の株式会社に相当する組織を新たに設立することを前提とする。これと異なる方式としては、組織を設立しない場合や、既存の組織を利用する（株式譲渡や新株発行など）場合もある。後者の場合には、デューディリジェンス (due diligence) により既存の会社の状況を正確に把握し、株式の売主や会社による表明および保証 (representations & warranties) として契約に規定することが必要となるが、本書では取り扱わない。

3.　合弁契約のポイント
　合弁契約において注意すべきポイントは次のようなものである。

（1）　出資比率
　出資比率が、50 対 50 の対等か、それとも当方が多数側か少数側かは、合弁契約において最も重要な点である。少数側の場合、一定の重要な事項について「拒否権」を確保する（株主総会の全会一致を要求するなど）のが重要である。

（2）　ガバナンス
　現地の会社法が定めるガバナンス体制を契約によりどこまで修正できるかを検討し、とくに少数側の場合、当方の利益が守れるような体制にすることが必要である。

（3）　株主の義務
　株主が合弁会社との競合する事業を行うのを禁止することがある。この義務の規定する場合、その範囲を具体的に明確にしておく必要がある。
　また、株主が合弁会社の費用を負担する（増資や、銀行借入に対する保証）義務を定める場合もあるが、際限なく合弁会社に資金を提供することにならないよう注意すべきである。

（4）　株式の譲渡制限
　当事者による株式の譲渡を禁止するのが通例である。例外として、当事者の子会社ないし関連会社への株式譲渡を認める例もあるが、譲渡先やその他の条件に注意が必要である。

（5）　株主と合弁会社との契約
　株主は合弁会社からの配当というよりも合弁会社との付属契約によって一定の利益を上げることを企図していることが多い。付属契約の例としては、ライセンス契約、プラント・機械設

備の販売契約、原材料の供給契約、製品・部品の供給契約等がある。これらの付属契約については、合弁契約に添付するか、少なくとも合弁契約の締結時にその骨子を定めておくべきである。

（6）　解消時の処理
　　合弁契約を解消する場合どうするかを定めておかないと争いになるおそれが高い。一方から他方に株式を譲渡するのであれば、価格の決め方が問題になる。

II. JOINT VENTURE AGREEMENT（合弁契約）の条項例（英語、日本語）・解説

■ Recitals／前文

JOINT VENTURE AGREEMENT

This Agreement made as of this (日) day of (月), 20____ by and between ABC Co., Ltd., a company organized and existing under the laws of Japan and having its principal place of business at (住所), Japan (hereinafter called "ABC") and XYZ Co., Ltd., a company organized and existing under the laws of (国または州名) and having its principal place of business at (住所) (hereinafter called "XYZ"),

合弁契約

日本国の法に基づき設立され、現存する法人であって、その主たる事務所を日本国 (住所) に有する ABC 株式会社（以下「ABC」という。）と、(国または州名) の法に基づき設立され現存する法人であって、その主たる事務所を (住所) に有する XYZ カンパニーリミテッド（以下「XYZ」という。）の間において 20____ 年 ___ 月 ___ 日付で締結された本契約は、以下のことを証するものである。

WITNESSETH THAT

WHEREAS,ABC is engaged in the business, among other things, of manufacturing and selling (製品名) in (地域名), and

WHEREAS,XYZ is engaged in the business, among other things, of importing and selling (製品名) in (地域名), and

WHEREAS, ABC and XYZ are desirous of organizing a corporation to manufacture and sell (製品名) and such other products as ABC and XYZ may agree upon from time to time in writing (hereinafter called 'Products ") in (国名)(hereinafter called the 'Territory").

NOW , THEREFORE , in consideration

記

ABC は、(地域名) で (製品名) の製造および販売の事業に特に従事している。XYZ は、(地域名) で (製品名) の輸入および販売の事業に特に従事している。ABC および XYZ は、(国名) (以下「テリトリー」という。）において (製品名) 並びに ABC および XYZ が随時書面により合意し得る他の製品 (以下「本製品」という。) を製造、販売するために、会社を設立することを希望している。

よって、本契約に含まれる約束および合意を約因として、両当事者は、以下のとおり合意する。

of the mutual covenants and
agreement herein contained ,the
parties hereto agree as follows:

解説

※ この契約例では、ABC という日本法人と XYZ という外国法人とが外国に株式会社形態の新会社を設立することを前提としている。

冒頭文

　契約締結年月日、契約当事者 ABC と XYZ の名称および住所並びに設立の準拠法を記載する。契約締結場所は、契約の成立、履行、解釈等の準拠法を判断する場合に意味を持つことがある。設立の準拠法は、契約締結能力の有無等の判断の基礎であり、米国のように、その準拠法が州法の場合もあるので注意しなければならない。

前文

　契約締結にいたった経過、理由および当事者の意思等について記載するが、法的効力を持たないと言われている。契約書によっては、簡単な表現になっており、全く省略されることもあるが、契約作成時点における当事者の意図を具体的かつ明確にしておくという意味で前文を記載した方がよい。whereas という語から始まるので whereas clause と言われている。

　この条項では、契約当事者である ABC と XYZ がどのような製品をどのような地域で製造販売しているかを記載した。この記載自体はさして重要でないが、次の、新会社がどのような製品をどの国で製造販売するかは大変重要な事項である。製品についてはできるだけ具体的に特定した方がよい。これが具体的に特定されれば、新会社の事業範囲も明確になるし、また、反面、ABC と XYZ の負うべき競業禁止義務の範囲も明確となる。新会社が営業活動する国（もちろん地域でも差し支えない。）も同様に特定した方がよい。

　契約書作成のテクニックとしては、ここで新会社の取り扱う製品を「本製品」として、また、その活動する国ないし地域を「テリトリー」として、それぞれ定義しておくと便利である。

　また、新会社設立後に株主がどのような取引を予定しているのか、すなわち、プラント、機械、原材料、部品、製品等の販売・供給のことや技術援助の供与のことについて記載してもよい。

WHEREAS, ABC is desirous of supplying materials for the Products to such corporation, and WHEREAS, XYZ is desirous of providing to such corporation technical assistance to manufacture the Products, and

ABC は、かかる会社に本製品の原料を供給することを希望しており、XYZ は、本製品を製造するための技術援助を提供することを希望しており、

Chapter Ⅰ Organization of the New Company（第1章 新会社の組織）

■ Establishment ／設立

<table>
<tr>
<td>

Article 1 Establishment

　Promptly after the Effective Date of this Agreement (hereinafter defined), the parties hereto shall cause a new company to be organized under the laws of (国または州名) as a stock company (設立国における形態名称) (hereinafter called the "New Company").

</td>
<td>

第1条〔設立〕

　（以下に定義される）本契約の発効日後直ちに、両当事者は、新会社を（国または州名）の法に基づき株式会社として設立ものとする（以下「新会社」という。）。

</td>
</tr>
</table>

解説

第1条〔設立〕

　複数の当事者が合弁で事業を始めるにあたっては、その事業をいかなる形態で行うかという合意をなすことが、まず必要である。わが国の企業が海外で合弁事業を行う形態は、株式会社が多いので、まえがきで述べたとおり、株式会社の設立を前提としている。

　会社の設立手続および設立された新会社自体の行為に関しては、設立国の会社法等の法律が適用されることになるので、その国の法律を充分調査し、理解しておくことが必要である。

　なお、最近の契約の実例では第1条に定義規定を集めて記載することも多い。これは、契約の内容を把握しやすくするとともに、契約の体裁をととのえるためである。この場合には、「本製品」(the "Products")、「テリトリー」(the "Territory")、「新会社」(the "New Company")、「付随契約」(the "Ancillary Agreements") 等の定義規定を設けることになろう。

■ Business Purposes ／事業目的

<table>
<tr>
<td>

Article 2 Business Purposes

　The business purposes of the New Company shall consist of the followings:

　(a) Manufacture and sale of Products in the Territory.

　(b)（事業名）

　(c) Such other activities as are incidental to or necessary for the

</td>
<td>

第2条〔事業目的〕

　新会社の事業目的は、以下から成るものとする。

　(a) テリトリーにおける本製品の製造販売

　(b)（事業名）

　(c) 上記 (a) および (b) において言及される事業活動に付帯するまたは必要な他の活動

</td>
</tr>
</table>

business activities referred to in
(a) and (b) above.

解説

第2条〔事業目的〕

この条項の意義は、新会社の事業目的という形で、当事者の合弁事業の意図を明瞭にしておくことにある。新会社の事業目的を定款に記載する場合でも、合弁契約には当事者の合意ができるだけ具体的にかつ明瞭にされている方が望ましい。また、当事者の意思として、新会社の事業目的から排除するものをこの条項で規定することもある。新会社の事業目的については、業種によっては各国の政府による規制等がなされている場合もあるので、事前によく調査しておかなければならない。

前文で定義した「本製品」と「テリトリー」により、新会社の事業目的を「テリトリー」における「本製品」の製造販売と規定すれば、新会社の事業目的を相当程度明確にすることができる。

■ **Name ／商号**

Article 3 Name

The New Company shall be named in (設立国語) as (設立国語での会社名) and in English as (英語での会社名).

第3条〔商号〕

新会社の商号は、(設立国語) で (会社名) および英語での (会社名) とするものとする。

解説

第3条〔商号〕

会社の商号は、その会社を他の会社から区別するという役割を持っており、その決定にあたっては、既に登記（登録）済みの他の会社の商号または商標と抵触しないように注意しなければならない。また、日本における「株式会社」のように、設立国の独自の語を、会社名の一部として付することを法定している国がほとんどであるので、その点の配慮が必要である。

通常は、両当事者（ABC と XYZ）の商号ないし略称を組み合わせて新会社の商号とすることが多い。

国際的な活動を考えると、設立国の言葉による商号以外に、英語での正式商号を定めておく方が良い。

■ **Location ／所在地**

Article 4 Location

The New Company shall have its registered office at (登記地名) and main office of business at (住所).

第4条〔所在地〕

新会社は、登記された事業所を（登録地名）に有し、主たる事業所を（住所）に有するものとする。

第4条〔所在地〕

　登記された本店所在地と異なった所に主たる事業所を設置し、通常業務はその事業所で行うこともある。この条項では一応本店所在地と主たる事業所が別々であることを想定して規定している。

■ Articles of Incorporation ／定款

Article 5 Articles of Incorporation
　It is agreed that Articles of Incorporation of the New Company shall correspond to the English language translation thereof attached hereto as Exhibit A.

第5条〔定款〕
　新会社の定款は付属書Aとして本契約に添付される英訳文と対応するものであることが合意されている。

第5条〔定款〕

　設立された新会社の活動は定款に従って行われるので、当事者にとっては、この定款の内容を当事者間の合弁契約の主旨に合致させることが不可欠である。新会社の定款は、契約書に付属書として添付されるのが普通である。

　英米法系の国のように、基本定款のほかに付属定款（by-laws）もある国については、その付属定款が新会社の実際の活動に重要な役割を果たすことになるので、当事者は合弁契約書の中で、付属定款について定款と同様に言及しておくことが必要である。

■ Operation Plan ／運営計画

Article 6 Operation Plan
　ABC and XYZ shall operate the New Company pursuant to the following phases:
　Phase 1（概要を記載する。）
　Phase 2（ 同上 ）
　Phase 3（ 同上 ）

第6条〔運営計画〕
　ABCおよびXYZは、以下の段階に従い新会社を運営するものとする。
　第1段階・・・・
　第2段階・・・・
　第3段階・・・・

第6条〔運営計画〕

　新会社を設立後、どのようにして新会社を運営し、その事業を本格稼働するかについては、契約締結までに十分な議論がなされ、合意に至ることが必要である。このような詳細の全てを合弁契約の内容とすることは、将来の不確定要素も多く、不適切なことも多いであろう。しかし、その基本的な骨格を記載しておく方が望ましい。

■ Capital ／資本

Article 7 Capital

The total number of shares which the New Company shall be authorized to issue shall be（授権株式総数）and the par value of each share shall be（額面金額）. At the time of establishment of the New Company,（発行数）shares shall be issued and fully subscribed by the parties hereto as follows:

ABC:（数）shares,（金額）

XYZ:（数）shares,（金額）

All the shares to be issued by the New Company shall be nominal and ordinary shares.

第7条〔資本〕

新会社が発行する株式の総数は、（授権株式総数）株とするものとし、各株式の額面価格は、（額面金額）とするものとする。新会社の設立時に発行される株式は、（発行数）株とし、両当事者により以下のとおり完全に引き受けられるものとする。

ABC：（数）株、（金額）

XYZ：（数）株、（金額）

新会社が発行する株式はすべて、記名式普通株とする。

解説

第7条〔資本〕

資本についての規定の仕方は、設立国における会社法で資本制度がどうなっているかによって異なってくる。授権資本制度をとっているか、資本の最低限があるかどうか、額面株式一株あたりの金額に制限があるかどうか、無額面株式の発行が認められているかどうか等は、事前に設立国の会社法を調査しておかなければならない。

持株比率は新会社への経営参加に直接影響を及ぼすことが多いが、国の政策上、外国企業の進出に対して制限を設け、日本側当事者が少数株主とならざるをえない場合も多い。日本側当事者の意図に反して少数株主に甘んじなければならない場合には、第12条、第16条等他の条項で次善の策を講じておかなければならない。

株式には、一般に普通株式、優先株式、劣後株式といった分け方、記名株式、無記名株式といった分け方、額面株式、無額面株式といった分け方がある。合弁会社の発行する株式としては記名式の普通株式で額面株式が一般的である。

■ Payment ／支払

Article 8 Payment

Each of the parties hereto shall pay in（通貨）and in cash the amount equivalent to its subscribed shares at par value upon issuance of the shares

第8条〔支払〕

本契約の各当事者は、新会社の株式発行をもって、自己が引き受けた株式の額面価格に相当する金額を、（通貨）で、かつ現金で支払うものとする。

of the New Company.

第8条〔支払〕

支払は、金銭でなされる場合と金銭以外の財産でなされる場合がある。この条項では金銭による一括支払の例を規定しており、支払に関してはこれが一般的である。

現物出資の場合には、出資にあてる財産の評価が問題となるが、国によっては財産確保、出資の便宜、税法上のメリット等も考えられるので、これらの点からも検討してみる価値がある。しかしながら、設立国の会社法において特別な手続を要すると規定されていることもあり、事前に調査する必要がある。

（例）The payment of XYZ shall be made in kind, that is, land and building, equivalent to the value of（金額）. In exchange, therefore, the New Company shall allot to XYZ（数）ordinary shares at the face value of（額面金額）each.

（訳文）XYZ の支払は、（金額）に等しい価値の現物、すなわち、土地および建物でなされるものとする。よって、引き替えに、新会社は XYZ に対し、それぞれ額面価格（金額）の普通株（数）株を割り当てるものとする。

Chapter Ⅱ General Meeting of Shareholders（第2章 株主総会）

■ Ordinary and Extraordinary General Meeting ／定期および臨時株主総会

Article 9 Ordinary and Extraordinary General Meeting

The Ordinary General Meeting of Shareholders shall be convened by resolution of the Board of Directors and held in（開催地）within（数）days from the last day of each accounting period of the New Company.

An Extraordinary General Meeting of Shareholders shall be convened by resolution of the Board of Directors whenever deemed necessary.

第9条〔定期および臨時株主総会〕

定期株主総会は、取締役会の決議により（開催地）において、新会社の各決算期の最終日から（数）日以内に招集するものとする。

臨時株主総会は、必要の際、取締役会の決議により招集するものとする。

第9条〔定期および臨時株主総会〕

株主総会に関する条項では、招集頻度、招集時期、招集地等について規定することになる。ど

の国の会社法でも、少なくとも年一回定期株主総会を開催することを要求するのがほとんどである。合弁事業の成功のためには、両当事者の密接な協力態勢と合議を必要とするので、ある程度融通のきく条項にしておくのがよいだろう。

定時株主総会の招集時期については各国で法定されているのが普通である。

招集地は、設立国の本店または主たる事業所の所在地であるのが普通であるが、これも設立国の会社法の許す限り、例えば日本で株主総会を招集できるようにしておくのも便利である。また、国によっては、株主総会の書面決議を認める例もあり、このような場合には、この点を契約書に盛り込んでおいてもよい。

■ **Quorum ／定足数**

Article 10 Quorum

A quorum for the General Meeting of Shareholders shall require the shareholders presence either in person or by proxy representing not less than（数）percent of all the issued and outstanding shares of the New Company.

第１０条〔定足数〕

株主総会の定足数は、新会社の全発行済現存株式の（数）％を超える株式に相当する株主の本人または委任状による出席とするものとする。

解説

第１０条〔定足数〕

相手方当事者のみで定足数を満たすような条項は避けるべきである。また日本側当事者が少数株主の場合、設立国の会社法の定める定足数に頼ることには危険があるので、少数株主の保護をはかるようにこのような条項を作成すべきである。

ほとんどの国の会社法では、委任状による出席と投票が認められている。

■ **Resolution ／決議**

Article 11 Resolution

Except as expressly otherwise provided in the Articles of Incorporation of the New Company, this Agreement or the Companies Act of (設立国名), all resolutions of the General Meeting of Shareholders shall be adopted by a majority vote of the shareholders present.

第１１条〔決議〕

新会社の定款、本契約または（設立国名）の会社法に明示的な別段の規定がある場合を除き、株主総会の決議はすべて、出席株主の議決権の過半数により採択されるものとする。

第１１条〔決議〕

　各国の会社法上議決権の数は、一株一票主義が原則である。また、過半数による議決が普通であるが、特に重要事項については、会社法上過半数を超える特別決議を要するとされていることも多い。さらに、合弁契約においては、第 12 条で説明するとおり、少数株主の保護のために、特別決議の対象を広げておくのが普通である。

■　Important Matters ／重要事項

Article 12 Important Matters

　In addition to such matters as required by the Articles of Incorporation of the New Company or the Companies Act of (設立国名), any resolution of the following matters by the General Meeting of Shareholders shall require the affirmative vote of at least two-third of the votes of the shareholders present:

    (1) any amendment or modification of the Articles of Incorporation;

    (2) increase or decrease in the authorized capital or paid-in capital;

    (3) issuance of new shares;

    (4) issuance of debentures;

    (5) transfer of any part or whole of business;

    (6) sale or purchase of a substantial portion of the assets;

    (7) any investment in other company;

    (8) any matters on dividend;

    (9) dissolution or amalgamation; and

    (10) loans to or guarantees for any person or company.

第１２条〔重要事項〕

　新会社の定款または（設立国名）の会社法により要求される事項に加えて、株主総会による以下の項目の決議は、出席した株主の少なくとも３分の２以上の賛成票を要するものとする。

    (1) 定款の修正または変更

    (2) 授権資本または払込資本の増減

    (3) 新株の発行

    (4) 債券の発行

    (5) 事業の一部または全部の移転

    (6) 資産の実質的部分の売却または購入

    (7) 他の会社への投資

    (8) 配当における問題

    (9) 解散または合併

    (10) いかなる人物または会社への貸付または保証

解説

第12条〔重要事項〕

　定款の変更、増資および減資、会社の解散、合併等については各国の会社法で決議要件が加重されていることも多いが、日本側当事者が少数株主の場合は、特に重要事項として多くの事項を特別決議の対象として盛り込んで保護をはかる必要がある。新会社の設立時において、マジョリティを有している場合でも、少数株主となる可能性がある場合には、長期的見地からこの条項をよく考慮して作成しなければならない。特別決議の対象たる重要事項は、両当事者の関係、新会社の状況等を充分予想して定める。

　その他、重要事項の例としては以下のものがある。

① 付属定款の修正または変更

② 事業目的の変更

③ 取締役または役員の報酬

④ 株主との契約、その他重要な契約の締結または変更

⑤ 解散、清算、合併、破産、会社更正等の申立

⑥ 訴訟の提起または和解

⑦ 一定額を超える金銭の借入れまたは貸付

⑧ 一定額を超える第三者への保証または信用供与

⑨ 年間事業計画の決定または変更

⑩ 貸借対照表および損益計算書の承認

　なお、定款ないし会社法で特別決議が要求されていれば、合弁契約に明記されていなくとも特別決議をすべきであろうが、念のため、この点を「新会社の定款または（設立国名）の会社法で要求される事項に加えて」として明らかにしている。

Chapter Ⅲ Board of Directors & Officers（第3章 取締役会および役員）

■ Election of Directors ／取締役の選任

Article 13 Election of Directors	第13条〔取締役の選任〕
The Board of Directors of the New Company shall consist of (数) Directors; (数) of whom shall be elected from among those appointed by ABC and (数) of whom shall be elected from among those appointed by XYZ. The Chairman of the Board of Directors shall be elected from the Directors appointed by XYZ. In	新会社の取締役会は、（数）名の取締役から成るものとし、そのうち（数）名はABC が指名した者のなかから選任され、（数）名はXYZ が指名した者のなかから選任されるものとする。取締役会の議長はXYZ が指名した取締役から選任されるものとする。取締役の員数のいかなる増減の場合、上記選出権は変更されず、常に基準率に準ずるものとする。

case of any increase or decrease in the number of Directors, the representation stipulated above shall be unchanged and pro-rata at all times.

解説

第13条〔取締役の選任〕

　取締役の数については各国で法定されているのが一般的であるので、まずその点について調査しておく必要がある。新会社の取締役を選出するにあたって、各当事者がそれぞれ何名指名できるか大きな問題である、通常の場合には、持株比率に応じて各当事者が指名することのできる取締役の数が定められる。

　取締役の員数に変更があった場合でも、日本側当事者にとって不利にならないよう一定数の取締役の指名権を維持できるようにしておくことが必要である。

　なお、取締役会の手続の詳細については、この契約例では規定していないが、このような点についても、設立国の会社法を調査のうえ規定することは有益である。特に、テレビ会議や電話会議による取締役会の開催や、書面による持ち回り決議が設立国の会社法で認められている場合には、このような簡単な手続を積極的に採用し、この点合弁契約に明記しておくべきである。

■　**Office of Director ／取締役の任期**

Article 14 Office of Director	**第14条〔取締役の任期〕**
Each Director shall hold office until his successor shall have been elected at the General Meeting of Shareholders held next after his election.	各取締役の任期は、当該取締役が選任された後、次に開かれる株主総会で後任者が選任されるまでとする。

解説

第14条〔取締役の任期〕

　合弁契約では任期等についてもあまり詳細に規定することは少なく、設立国の会社法の定めによることが多い。

■　**Quorum and Resolution ／定足数および決議**

Article 15 Quorum and Resolution	**第15条〔定足数および決議〕**
Each Director shall have one voting right in the Board of Directors. Except as expressly otherwise provided in	各取締役は、取締役会における1議決権を有するものとする。新会社の定款、本契約または（設立国名）の会社法に明示的

the Articles of Incorporation of the New Company, this Agreement, or the Companies Act of（設立国名）, a majority of the Directors including at least one Director appointed by either party shall constitute a quorum at any meeting of the Board of Directors, and all resolutions shall be adopted by a majority of the Directors present.

な別段の規定がある場合を除き、いかなる取締役会においても、いずれかの当事者が指名した少なくとも1名の取締役を含む、取締役の過半数が定足数を構成し、すべての決議は、出席した取締役の過半数により採択されるものとする。

解説

第15条〔定足数〕

　この条項では各取締役の投票権数、取締役会の定足数、決議要件を定めているが、一般的によく使用される条項を採用した。取締役会を構成する取締役のうち、日本側当事者により指名された取締役が少数である場合には、決議要件を加重して日本側当事者の保護をはかる必要がある。

　可否同数の場合には取締役会の議長にキャスティングボートを与えることもあるが、議長となる者が相手方当事者によって指名された取締役である場合には考えものである。

■ Important Matters／重要事項

Article 16 Important Matters

In addition to such matters as required by the Articles of Incorporation of the New Company or the Companies Act of（設立国名）, the following matters of the Board of Directors' meeting shall require the affirmative vote of at least two-thirds of the votes of the Directors present.

(1) any proposal to the General Meeting of Shareholders for the matters as provided in Article 12 hereof;

(2) any investment or commitment of the New Company of more than（金額）in one transaction;

第16条〔重要事項〕

新会社の定款または（設立国名）の会社法により要求される事項に加えて、以下に規定される事項は、取締役会に出席した取締役の3分の2以上の議決権を必要とするものとする。

(1) 本契約第12条に規定される事項についての株主総会に対する提案

(2) 1取引において（金額）以上の新会社の投資またはコミットメント

(3)（金額）以上の新会社による貸付または与信

(4) ABC、XYZまたはその子会社もしくは関連会社との契約の締結または修正

(5) 年間予算または事業計画の採択また

(3) any loan or credit by the New Company of more than (金額);

(4) execution or amendment of agreements with ABC, XYZ or its subsidiary or affiliate;

(5) adoption or amendment of the annual budgets or the business plan

(6) change of the auditing firm as provided in Article 20;

(7) adoption or amendment of any policy on financial matters such as accounting practices or depreciation practices; and

(8) execution or amendment of employment agreements with the officers.

は修正

(6) 第 20 条に規定される会計監査事務所の変更

(7) 会計実務または減価償却実務等の財務事項の方針の採択または修正

(8) 役員との雇用契約の締結または修正

解説

第16条〔重要事項〕

　日本側当事者が少数株主の場合、重要事項については、第 12 条の株主総会における特別決議事項と同様に、取締役会における特別決議事項の規定を盛り込んで保護をはかる必要がある。取締役会における重要事項は、両当事者の関係、新会社の状況等を充分予想して定めることになるが、一般には、第 12 条の株主総会における特別決議事項よりも会社の事業、営業に直接関係する事項を列挙し、具体的に一定金額以上の取引を対象とする場合が多い。

　第12条の説明に列挙した①～⑩の重要事項でも本条の重要事項とすることは差し支えないが、株主総会と取締役会との権限の一般的相違に着目して、振り分けた方がよい。

■　**Officers ／役員**

Article 17 Officers

The New Company shall have a President & Chief Executive Officer (CEO), Executive Vice President & Chief Financial Officer (CFO), Technical Manager and Sales Manager.

第17条〔役員〕

　新会社は、社長・最高経営担当役員 1 名および副社長・最高財務担当役員 1 名、テクニカルマネージャーおよびセールスマネージャー各 1 名とする。社長・最高経営担当役員およびセールスマネジャーは、

The President & CEO and the Sales Manager shall be appointed by XYZ, and the Executive Vice President & CFO and the Technical Manager shall be appointed by ABC.

The New Company shall enter into an Employment Agreement with each of the President & CEO and the Executive Vice President & CFO.

XYZ により指名され、副社長・最高財務担当役員およびテクニカルマネージャーは、ABC により指名されるものとする。

新会社は、社長・最高経営担当役員および副社長・最高財務担当役員とそれぞれ雇用契約を締結するものとする。

解説

第17条〔役員〕

　日本のように代表取締役の制度をもつ国は少ない。本条で役員の例として社長兼 CEO と副社長兼 CFO を挙げたが、その他の役員の例としては、Chief Operating Officer(COO) や、議事録等を取り扱うセクレタリー (Secretary)、経理を取り扱うトレジャラー (Treasurer) 等の役員がある。大事なことは、このようなタイトル名ではなく、各役員の具体的な職務権限である。理想的には、このような各役員の職務権限の詳細が付属定款 (by-laws) に記載され、合弁契約に付属書として添付されるのが望ましい。

　この条項では、新会社が社長ないし副社長と雇用契約を締結するべき旨だけを規定したが、後の紛争を避けるためにも雇用契約書を付属書として添付した方が望ましい。雇用契約書には、職務権限の他、報酬の額および負担方法等が規定される。

■　**Other Post ／兼任**

Article 18 Other Post

Any Director or Officer of the New Company shall not hold any post of director or officer in any other company unless approved in advance by the General Meeting of Shareholders.

第18条〔兼任〕

会社のいかなる取締役または役員も、他のいかなる会社の取締役または役員の職につかないものとする。但し、株主総会により事前に承認された場合は、この限りでない。

解説

第18条〔兼任〕

　新会社の取締役は、新会社の運営に専念し忠実にその職務を果たす義務を負っている。それ故、その義務を遂行するに障害となったり利害が相反するような他の地位につくこと、例えば競業会社の役員になるようなことは原則として禁止しておかなければならない。

Chapter IV Audit（第4章 会計監査）

■ Accounting Period ／会計期間

Article 19 Accounting Period

The Accounting periods of the New Company shall end on the（日）day of（月）in each year.

第19条〔会計期間〕

新会社の会計期間は、各年の＿＿月＿＿日をもって終了するものとする。

解説

第19条〔会計期間〕

　この条項では会計期間が1年間であることを想定して規定しているが、会計期間を6ヶ月とし、年に2回決算期を設けることもある。決算期および会計期間の定め方は、設立国の税制度とか会計に関する慣習をよく調査の上、それにマッチした規定方法をとることが好ましい。

■ Inspection of Accounting Records and Books ／会計監査

Article 20 Inspection of Accounting Records and Books

The New Company shall yearly arrange audit on the accounting records and books and shall submit a report of such audit to each of the parties hereto within 30 days from the completion of the audit.

（公認会計士事務所名）shall audit the accounting records and books of the New Company and any other matters relating, directly or indirectly, to the financial conditions of the New Company. Any fee for the certified public accountant for inspection and audit mentioned above shall be borne by the New Company. The New Company shall keep true and correct accounting records and books with regard to all of its operations. Such

第20条〔会計監査〕

　新会社は、年に一度、会計記録および帳簿の監査を手配し、かかる監査の報告書を当該監査終了から30日以内に、本契約の当事者に提出するものとする。

　（公認会計士事務所名）は、新会社の会計記録および帳簿並びに、直接的であれ、間接的であれ、新会社の財政状態に関する他のいかなる事項をも監査するものとする。上記監査および検査のための公認会計士への費用は、新会社が負担するものとする。新会社は、新会社の運営のすべてについての真実かつ正確な会計記録および帳簿を保管するものとする。かかる記録および帳簿は、本契約の当事者またはこれらの授権された代表者によって検査がいつでも行えるよう、保管されるものとする。

records and books shall be kept ready
for inspection by the parties hereto or
by their authorized representative.

解説

第20条〔会計監査〕

　新会社の投資者たる契約当事者は、新会社の財務状況につき強い関心を持つことは当然で、新会社の会計帳簿およびその会計処理方法は、新会社の運営の上でも、もっとも大きな指針となるものである。親会社（契約当事者）としては、新会社が望ましい会計処理のもとで運営されるべく、信頼できる公認会計上の監査を受けさせること、およびその結果たる会計帳簿の閲覧権は、合弁契約書で明確に確保しておくことが必要である。

　この条項のように、公認会計士事務所を契約上特定する方が望ましいが、これができない場合には、両当事者の合意に基づいて国際的に著名な公認会計士事務所を選任するとしてもよい。

　なお、ここで合意された公認会計士事務所が第23条、第32条第3項で株式の帳簿価格を決定する公認会計士事務所となる。

Chapter V Increase of Capital（第5章 増資）

■ Increase of Capital／増資

Article 21 Increase of Capital	第21条〔増資〕
In case of capital increase of the New Company after its establishment, ABC and XYZ shall have the preemptive right to new shares to be issued for such capital increase in proportion to their respective shareholding in the New Company.	新会社の設立後増資を行う場合、ABCとXYZは、第三者に優先して、かかる増資につき発行される新株の引受権を新会社の各自の持ち株に比例して有するものとする。

解説

第21条〔増資〕

　一般に増資というときは資金調達を目的としており、新株の発行による払込資本の増加を意味する。授権資本の枠を広げる意味での増資においては、通常定款の変更が必要になり、株主総会の特別決議事項となるであろう。また、授権資本の枠内での増資では、ほとんどの国で会社法上取締役会の普通決議事項とされているので、第12条、第16条のような規定が合弁契約に必要となる。

Chapter VI Transfer of Shares（第6章 株式の譲渡）

■ Restrictions on Transfer of Shares／株式の譲渡制限

Article 22 Restrictions on Transfer of Shares

Expect as provided in Article 23 hereof, neither party hereto shall, without the prior written consent of the other party, assign, sell, transfer, pledge, mortgage or otherwise dispose of all or any part of its shares (including its right to subscribe to new shares) of the New Company to any other person, firm or corporations.

第22条〔株式の譲渡制限〕

本契約第 23 条に規定される場合を除いて、本契約のいかなる当事者も、他の当事者の書面による事前の同意なくして、第三者に対してその所有する新会社の株式（新株の引受権を含む。）の全部または一部を譲渡、売却、移転、質入れ、担保差入れまたはその他の処分を行わないものとする。

解説

第22条〔株式の譲渡制限〕

　合弁会社は特定のパートナーと共同で事業を遂行することを本旨としているので、株式の譲渡を制限するのが一般的である。設立国の会社法において、このような株式の譲渡制限を定款等に記載することが可能であれば、これを記載しておかなければならないことはいうまでもない。

■　Option／選択権

Article 23 Option

If either party hereto wishes to transfer or sell its shares, the other party hereto shall have the right to purchase the said shares at the book value which shall be decided by (公認会計士事務所名).

第23条〔選択権〕

本契約のいずれかの当事者が自己の有する株式を譲渡もしくは売却することを希望する場合、他方の当事者は、かかる株式を（公認会計士事務所名）により決定される帳簿価格で購入する権利を有するものとする。

解説

第23条〔選択権〕

　なんらかの理由により当事者の一方が自らその有する株式の譲渡を希望する場合、このような要求を安易に認めることは、合弁会社にとって好ましくないし、このような要求を受けた相手方当事者にとっても不利となろう。したがって、株式の譲渡を一律に禁止しても差し支えないが、この条項では、相手方当事者に帳簿価格での買取権を認め、実際上は譲渡しにくくしている。

しかしながら、自ら株式の譲渡を希望する可能性が高いと判断する場合には、株式の譲渡価格を帳簿価格ではなく、公正な市場価格（fair market value）と規定してもよい。

Chapter Ⅶ Financing（第7章 資金調達）

■ Cooperation in Financing／資金調達への協力

Article 24 Cooperation in Financing

The necessary funds of the New Company shall be procured on the responsibility of the New Company. In the event that the New Company cannot procure such funds, the parties hereto shall cooperate jointly for the procurement of such funds in proportion to their respective shareholdings in the New Company in the following order and manner:

(1) making guarantee in favor of the New Company;

(2) making loan to the New Company; and

(3) subscribing new shares issued by the New Company.

第24条〔資金調達への協力〕

新会社の必要資金は、新会社の責任において調達するものとする。新会社がかかる資金を調達できない場合、本契約の両当事者は、以下の順位および方法において、新会社の各自の持ち株に比例してかかる資金の調達につき、共に協力するものとする。

(1) 新会社のための保証、

(2) 新会社への貸付け、および

(3) 新会社の発行された新株の引受け。

[解説]

第24条〔資金調達への協力〕

この条項では、一般的な方法として借り入れを想定して、原則としてまず、新会社が資金調達の努力をし、それが不可能の場合、株主が協力するように規定している。この場合、株主の保証に基づく銀行借入を第1順位、株主の貸付けを第2順位、株主の新株引受けを第3順位として、資金調達方法を明示している。株主の投資リスクの制限という観点からいうと、このような順位が望ましいからである。

株主の協力は、それぞれの持ち株比率に従って行うことが一般的である。ただし、注意すべきことは、保証の際、連帯債務（joint and several liability）か否かという点である。連帯債務であれば、銀行に対しては新会社の借入の金額について責任を負い、持ち株比率は株主間の負担割合を意味することになる。

Chapter Ⅷ Role of Contracting Parties（第8章 契約当事者の役割）

■ Supply of Machinery, etc. ／機械等の供給

Article 25 Supply of Machinery, etc. ABC shall enter into a Supply Agreement with the New Company for machineries, equipment and raw materials that are to be installed and utilized by the New Company in the form attached hereto as Exhibit B to be made a part hereof.	**第25条〔機械等の供給〕** ABCは、本契約に添付され、本契約の一部を構成する付属書Bにおける形式で、新会社に据え付けられ、使用される機械、設備および原料の供給契約を新会社と締結するものとする。

解説

第25条〔機械等の供給〕

　新会社が工場設備を持ち、また原材料等を必要とする場合等はその調達のために契約当事者が協力することが必要となる。一方、その協力をする当事者にとっても、配当金を取得するだけでなく、調達に協力することを通して、利益をあげることも可能である。調達先、価格、納期その他の要件について具体的に煮詰める必要があるが、その内容は別途契約として合弁契約書に付属書として添付するのが望ましい。

　なお、第25条、第26条および第27条に規定する株主と合弁会社との付随契約においては、契約の終了事由として、当該株主が新会社の株主でなくなった場合を規定しておかないと、合弁会社は終了しているのに、付随契約は存続してしまうことになるので注意する必要がある。

■ Technical Assistance ／技術援助

Article 26 Technical Assistance ABC shall enter into a Technical Assistance Agreement with the New Company in the form attached hereto as Exhibit C to be made a part hereof.	**第26条〔技術援助〕** ABCは、本契約に添付され、本契約の一部を構成する付属書Cにおける形式で、新会社との技術援助契約を締結するものとする。

解説

第26条〔技術援助〕

　新会社が製造業を営む場合、機械設備および原材料の調達とあわせて、製造技術を有する当事者が技術援助を行い、それにより新会社も株主も利益を得るようなことが多い。技術援助についてはやはり別途契約として、詳細な条件を規定する技術援助契約書を合弁契約書に付属書として添付するのが望ましい。

■ Distributorship／販売権

Article 27 Distributorship	第２７条〔販売権〕
The New Company shall appoint XYZ as the exclusive distributor in (地域名) for the Products manufactured by the New Company and enter into an Exclusive Distributorship Agreement in the form attached hereto as Exhibit D to be made a part hereof.	新会社は、新会社が製造する本製品につき、XYZ を（地域名）における独占的販売店として指名し、本契約に添付され、本契約の一部を構成する付属書 D における形式で、一手販売店契約を締結するものとする。

解説

第２７条〔販売権〕

　新会社が製造業を営む場合、そこで製造する商品の販売が成功するかどうかは重大なことである。新会社を設立する場合、販売について何らの計画もなく、漫然と設立することは皆無であろう。販売の方法として当事者の一人に販売権を与えたり、それの裏返しで当事者の一人に引き取り義務を課することもある。また、複数の当事者に販売権を与えたり、各当事者にその持株比率に従って販売権を与える場合等においては、各当事者が販売する地域を予め定め、競合することを避けるのが通常である。販売権を取得することは、一般的にその当事者にとり大きなメリットになるが、その詳しい条件等はやはり別途契約として合弁契約書に付属書として添付するのが望ましい。

■ Non-Competition／競合禁止

Article 28 Non-Competition	第２８条〔競合禁止〕
Neither party shall, without the prior written consent of the other party, engage in, whether directly or indirectly, the business of manufacture, sale or distribution of any products competitive with the Products in the Territory.	いずれの当事者も、他方の当事者の事前の書面による承諾なくして、テリトリーにおいて、本製品と競合するいかなる製品の製造、販売または頒布の事業に、直接的にも間接的にも携わらないものとする。

解説

第２８条〔競合禁止〕

　合弁会社を成功に導くためには、株主に対し、一定のテリトリー内における一定の業務ないし製品について競合することを禁止することが必要である。しかしながら、禁止義務の範囲が明確でないと株主の将来の事業を不当に制約しかねないので、できるだけ具体的に記載することが必要である。

Chapter IX Government Approval（第9章 政府認可）

■ Application for Approval ／認可申請

Article 29 Application for Approval	**第29条〔認可申請〕**
As soon as practicable after the date of this Agreement, ABC shall apply, by itself or through its representative, to the Government of (設立国名) for the approval of ABC's acquisition of shares to be issued by the New Company. ABC shall diligently prosecute such application, and XYZ shall extend its best cooperation to ABC in obtaining such approval.	本契約の署名後、実際的に速やかに、ABCは、自らまたは自己の代理人により、新会社が発行する株式をABCが取得することについての認可につき、（設立国名）の政府に申請を行うものとする。ABCは、かかる申請を勤勉に遂行するものとし、XYZは、かかる認可の取得につき、ABCに最善を尽くし協力するものとする。

解説

第29条〔認可申請〕

　ほとんどの国は、外資の受け入れについて特別の法的規制を加えている。合弁事業を計画する場合、まずこのような規制について充分調査する必要がある。調査の結果、しかるべき申請をすることになるが、誰がその申請者になるかは場合により異なる。一応の目安としては、外国投資家（日本側当事者）が設立国においても申請者になると認識しておいたほうがよい。しかし、実際上設立国の政府への数々の働きかけおよび交渉を必要とするので、設立国側当事者に実質的な申請手続を行ってもらった方が便利であり、かつ効果的なことが多い。この契約条項例では、設立国における日本側当事者の申請手続を日本側当事者が行うこととし、相手方当事者が最善の協力をそれに与えるようにしている。

　なお、第25条、第26条および第27条に規定されている株主との付属契約の締結等に政府の認可が必要とされる場合には、この点も明記しておくことが必要である。

Chapter X Confidentiality（第10章 秘密保持）

■ Confidential Information ／秘密情報

Article 30 Confidential Information	**第30条〔秘密情報〕**
ABC and XYZ shall keep secret and retain in strict confidence any and all confidential information and	ABCとXYZは、いかなるおよびすべての秘密情報を極秘に保持し、本契約の目的のためのみにこれを使用するものとし、開

use it only for the purpose of this Agreement and shall not disclose it to a third party without the prior written consent of the disclosing party unless such information (i) has become public other than as a result of disclosure by the receiving party, (ii) was available to the receiving party prior to the disclosure or (iii) has been independently acquired or developed by the receiving party.

示当事者の事前の書面による承諾なくして第三者に開示しないものとする。但し、かかる情報が、(i) 受領当事者による開示の結果としてではなく公知となる場合、(ii) 開示以前に受領当事者が入手することができた場合、または (iii) 受領当事者により単独で取得または開発された場合は、この限りでない。

解説

第30条〔秘密情報〕

　合弁契約を締結するにあたり、また新会社を運営していくうえにおいて、更に新会社と親会社との間で交わされる契約等に関連して、多くの秘密情報が当事者間で交換される。これらの秘密情報を関係者の間で外部にもらしたり、目的外に使用したりするようなことがあっては、当事者はもとより、新会社にとって非常に不利益となる。そのため、この条項のように秘密を保持するように規定しておくことが必要となる。

　なお、技術援助契約に基づき提供されるノウハウ等は特に重要であるので、技術援助契約書の中で別途詳しく規定を設けるべきことはいうまでもない。

Chapter XI General Provisions（第１１章 一般条項）

■ Effective Date／効力発生日

Article 31 Effective Date

This Agreement shall not become effective until and unless both of the approval by the appropriate authorities of the（設立国名）Government shall have been obtained for ABC's acquisition of shares to be issued by the New Company in accordance with the terms and conditions of this Agreement.

第３１条〔効力発生日〕

　本契約は、本契約の条項および条件に従い新会社が発行する株式のABCの取得についての、（設立国名）の関係法規に基づく（設立国名）政府の関係当局による認可が取得されるまで、またこれが取得されない限り、発効しないものとする。

第31条〔効力発生日〕

　この条項では、投資に関する政府の認可の取得を、契約発効の停止条件として構成している。ケースバイケースで規定の仕方も異なってくるであろうから、契約締結時の状況に応じて適切な配慮が必要である。特に、第25条、第26条および第27条に規定されている株主との付属契約の締結等に政府の認可が必要とされる場合には、このような認可の取得も明記しておくことが必要である。

　契約期間については、規定しないことが多いが、設立国の関係法規で何らかの期間についての制限がある場合、または当事者に特別の事情がある場合等には、期間についての定めが必要となる。しかし、期間の定めをした場合には、期間終了後新会社をどうするのか、解散・清算するのか、あるいは、一方当事者へ株式を売却するのか、その手続の詳細を規定しておく必要がある。

■ Termination ／終了

Article 32 Termination	**第32条〔終了〕**
1. Either party not in breach of this Agreement may terminate this Agreement by written notice to the other party if any breach shall not have been corrected by the other party in breach within（数）days after written notice is given by such party not in breach complaining of such breach.	1．いずれかの当事者が本契約に違反する場合であって、当該違反当事者に対して違反していない当事者がかかる違反を訴える書面による通知を与えてから（数）日以内にかかる違反が矯正されない場合、本契約に違反していない当事者は、当該違反当事者に対し、書面による通知をもって本契約を終了することができる。
2. Either party may terminate this Agreement without giving a notice in the event of one or more of the followings:	2．いずれの当事者も、以下の1またはそれ以上の事項に該当する場合は、通知を与えることなく、本契約を終了できるものとする。
(a) Appointment of a trustee or receiver for all or any part of the assets of the other party;	(a) 相手方当事者の資産の全てまたは一部に対する破産管財人または財産受託管理人の任命
(b) Insolvency or bankruptcy of the other party;	(b) 相手方当事者の破産または支払不能
(c) Assignment of the other party for the benefit of creditor;	(c) 債権者の利益のためになされる相手方当事者の譲渡
(d) Attachment of the assets of the other party;	(d) 相手方当事者の資産の差し押え
	(e) 相手方当事者の事業または資産強

(e) Expropriation of the business or assets of the other party;

(f) Dissolution or liquidation of the other party.

If either party is involved in any of the events enumerated in (a) through (f) above, it shall immediately notify the other party of the occurrence of such event.

3. In case of the termination of this Agreement pursuant to this Article, the terminating party shall have an option to purchase the shares of the other party at the book value to be decided by（公認会計士事務所名）or have the New Company dissolved.

制買収

(f) 相手方当事者の解散または清算

いずれかの当事者において上記 (a) から (f) に列記した事項が発生した場合、その当事者はかかる事実の発生を直ちに相手方当事者に通知するものとする。

3. 本契約が本条に従い終了する場合、終了させる当事者は、他方の当事者の株式を（公認会計士事務所名）により決定される帳簿価格で購入する、または、新会社を解散させる選択権を有するものとする。

解説

第32条〔終了〕

1. 解除権を行使できるのは相手方当事者に重大な違反があった場合であるが、その判断は法律的にもなかなか難しい。そこで契約書の中では、契約の解除理由として具体的に違反の形態を表現して (例えば株式の払込義務の不履行)、判断の基準を明確にしておくのも良い方法である。ただし、合弁契約ではいかなる契約違反が発生するかその予測が非常に難しい。この条項では、具体的な違反例を記載していないが、違反行為があれば直ちに契約を解除するのではなく、相当日数の回復期間を与え、その期間の終了時点をもって契約を解除できるように規定している。

2. 契約違反のごとき背信行為はないが、契約を続けるために支障をきたす一定事由が相手方当事者に発生した場合には、早期終了できるとするのが一般的であり、この条項例でもそれを採用した。その一定事由については、破産、支払不能等を具体的に記載しておく必要がある。

3. 合弁契約の場合、契約の終了事由を規定するだけでは不十分である。このような場合には、合弁会社をどのようにするのかを合意しておく必要がある。この条項では、一種のペナルティとして、相手方当事者の選択により、新会社を解散するか、あるいは、契約の終了原因を生ぜしめた当事者が株式を帳簿価格で相手方当事者に売却しなければならない旨を規定した。

■ Force Majeure ／不可抗力

Article 33 Force Majeure

Neither party shall be liable to the other party for failure or delay in the performance of any of its obligations under this Agreement for the time and to the extent such failure or delay is caused by riots, civil commotions, wars, hostilities between nations, governmental laws, orders or regulations, embargoes, actions by the government or any agency thereof, acts of God, storms, fires, accidents, strikes, sabotages, explosions, or other similar contingencies beyond the reasonable control of the respective parties.

第３３条〔不可抗力〕

いずれの当事者も相手方当事者に対し、本契約における自己の責務の不履行または遅延につき、かかる不履行または遅延が、暴動、内戦、戦争、国家間の敵対行為、政府の法律、命令または規則、通商の禁止、政府またはその機関による強制処置、天災、嵐、火災、事故、ストライキ、サボタージュ、爆発、その他類似の、それぞれの当事者の合理的な支配を超える事由によるものである限り、その期間中は責任を負わないものとする。

解説

第３３条〔不可抗力〕

契約に定められている義務の履行が、当事者の故意または過失ではなく、当事者の制御できないような事由（不可抗力事由）により妨げられることがある。このような不可抗力事由による義務の不履行について、その当事者は免責されるという規定を設けるのが一般的である。 なお、金銭債務については、この条項の適用がないことを規定する例もある。

■ Notice ／通知

Article 34 Notice

All notices, reports and other communications given or made in accordance with or in connection with this Agreement shall be made in writing and may be given either by (i) personal delivery, (ii) telex or facsimile transmission or (iii) registered air mail, if properly posted, with postage fully prepaid, in an envelope properly

第３４条〔通知〕

本契約に従いまたはこれに関連して与えられる、もしくはなされる通知、報告およびその他の通信は、すべて書面によるものとし、(i) 直接交付、(ii) テレックスまたはファクシミリ送信、または (iii) 適切に投函されるならば、郵便料金前納済みの書留航空郵便により、下記の当事者のそれぞれの住所、またはいずれかの当事者がかかる書面により相手方当事者に通知する変更さ

addressed to the respective parties at the address set forth below or to such changed address as may be given by either party to the other by such written notice. Any such notice, etc. by personal delivery or telex or facsimile transmission shall be deemed to have been given as of the date so delivered or transmitted. Any such notice, etc. by registered air mail shall be deemed to have been given (数) days after the dispatch. In any event, if any notice, etc. is received other than the regular business hours of the recipient, it shall be deemed to have been given as of the following business day of the recipient.

  To: ABC:(住所)
       XYZ:(住所)

れた住所に宛てて配達され得る。直接交付またはテレックスもしくはファクシミリによるかかる通知等は、交付または送信されたその日に与えられたものとみなされる。書留航空郵便によるかかる通知等は、その発送から（数）日後に与えられたものとみなされる。いかなる場合であれ、かかる通知等が受領当事者の通常の営業時間外に受領される場合、かかる通知は、その翌営業日に与えられたものとみなされる。

  ABC に対しては：（住 所）
  XYZ に対しては：（住 所）

解説

第３４条〔通知〕

　相手方当事者との間での連絡等に行き違いがないように、意思表示の伝達の方法およびその効果について規定したのがこの条項である。

■　Assignment／譲渡

Article 35 Assignment

This Agreement and the rights and obligations hereunder, are personal to the parties hereto, and shall not be assigned by either of the parties to any third party.

第３５条〔譲渡〕

　本契約および本契約における権利並びに義務は、本契約の当事者に一身専属的なものであり、いずれの当事者によっても、いかなる第三者に対しても譲渡されないものとする。

解説

第３５条〔譲渡〕

　合弁契約は、当事者間の特別の信頼関係を前提として締結されるのが一般的である。そこで、

他の第三者に契約の一部または全部を譲渡してしまうことは、契約の本旨に反することであり、原則として禁止しておくべきである。

■ Arbitration／仲裁

Article 36 Arbitration	第３６条 〔仲裁〕
All disputes, controversies or differences arising out of or in connection with this contract shall be finally settled by arbitration in accordance with the Commercial Arbitration Rules of The Japan Commercial Arbitration Association. The place of the arbitration shall be Tokyo, Japan.	この契約から又はこの契約に関連して生ずることがあるすべての紛争、論争又は意見の相違は、一般社団法人日本商事仲裁協会の商事仲裁規則に従って仲裁により最終的に解決されるものとする。仲裁地は東京（日本）とする。

解説

第36条 〔仲裁〕

　国際取引から生じる紛争を解決するために、訴訟を提起するという方法があるが、相手国の裁判所でその国の手続法によりその国の言語で裁判をするのは、コストがかかる上に、公正な裁判が期待できない国もある。そこで、当事者双方が選任権を有する仲裁人により、合意した手続ルールや言語によることができる仲裁によって紛争を解決するという方法が国際取引ではよく使われている。仲裁によれば、迅速に、それゆえに安価に紛争を解決することができ、しかも強制執行が必要となる場合にも、判決よりも仲裁判断の方が多くの国が締約国となっている条約があるためにスムーズだからである。

　仲裁条項のドラフティングでは、仲裁の対象となる紛争の範囲、仲裁機関、仲裁規則、仲裁地などを明確に規定する必要がある。この条項は、日本商事仲裁協会（JCAA）の商事仲裁規則に従って東京での仲裁より紛争解決をすると定めるものである。このような仲裁合意をしておけば、相手方が訴訟を提起してきても、その訴えの却下をもとめることができる。詳しくは「III. 仲裁条項のドラフティング」参照。

■ Difference／相違

Article 37 Difference	第３７条〔相違〕
In the event that there is any difference, contradiction or inconsistency between any provision of the Articles of Incorporation of the New Company	新会社の定款または（設立国名）の会社法の規定と本契約の規定の間に相違、抵触または矛盾がある場合、本契約の規定が優先するものとする。

or the Companies Act of（設立国名）
and any provision of this Agreement,
the provision of this Agreement shall
prevail.

解説

第37条〔相違〕

　当事者間においては、定款ないし会社法の規定よりも合弁契約の規定が優先する旨の規定である。合弁契約の規定と定款ないし会社法の規定との間に矛盾等が生じるのは好ましくはないが、設立国の会社法の規定が厳格すぎる場合に、あえてこれと抵触する規定を合弁会社に盛り込むこともある。また、設立国の会社法に精通していない場合には、このような矛盾に気づかないことも多く、合弁契約においてこのような条項を規定することは必要である。

■　Governing Law ／準拠法

Article 38 Governing Law

This Agreement and all questions arising out of or under this Agreement shall be governed by and interpreted in accordance with the laws of（国名）.

第38条〔準拠法〕

　本契約および本契約からまたは本契約において生ずるすべての問題は、（国名）の法により支配され、かつ同法に従い解釈されるものとする。

解説

第38条〔準拠法〕

　契約解釈に関する準拠法は当事者自治の原則に委ねる法制を採る国がほとんどであるが、合弁事業の本質上準拠法を設立現地法にした方が実際的であろう。合弁会社の設立手続自体を律するものと、合弁契約自体の成立、効力および解釈等を律するものとに分けることは理論上は可能であるが、実際上その区別が微妙だからである。

■　Waiver ／権利放棄

Article 39 Waiver

Any failure of either party to enforce, at any time or for any period of time, any of the provision of this Agreement shall not be construed as a waiver of such provisions or of the right of such party thereafter to enforce each and every such provision.

第39条〔権利放棄〕

　いずれかの当事者による本契約の規定の不履行は、何時にても、またはいかなる期間においても、かかる規定の権利放棄、または当該当事者がそれぞれのおよびすべてのかかる規定をその後履行することの権利放棄と解釈されないものとする。

第３９条〔権利放棄〕

　契約違反に対して、それが重大なものである場合には黙認することはないだろうが、軽微なものは見逃してしまうこともある。そのような場合、黙認したことが契約の変更であると解釈されないようにこのような条項を設ける必要がある。即ち、たとえ相手方の違反を見逃した場合でも、その後に犯された違反に対しては追求する権利を有していることを確認したものである。

■　Entire Agreement ／完全合意

Article 40 Entire Agreement

　This Agreement constitutes the entire and only agreement between the parties hereto with respect to the subject matter of this Agreement and supersedes any other commitments, agreements or understandings, written or verbal, that the parties hereto may have had. No modification, change and amendment of this Agreement shall be binding upon the parties hereto except by mutual express consent in writing of subsequent date signed by authorized officer or representative of each of the parties hereto.

第４０条〔完全合意〕

　本契約は、本契約の主題に関する両当事者間の完全かつ唯一の合意を構成し、書面であれ口頭であれ、各当事者が行ったかも知れない、他のいかなる約束、合意事項または取り決めにとって代わるものである。本契約の修正、変更および改訂は、これが本契約の各当事者の授権された役員または代表者により署名された後の日付の書面による明示的な同意によりなされる場合を除き、両当事者を拘束するものではない。

第４０条〔完全合意〕

　レターオブインテント等契約交渉過程での合意事項など、この合弁契約以外のものはすべて効力を失い、この合弁契約が当事者の合意としては唯一のものであることを確認するために設けられる典型的な条項である。また、この契約の修正、変更等についても書面によらなければ、その効力は認められないとするのも一般的である。

■　Headings ／表題

Article 41 Headings

　The headings of articles and paragraphs used in this Agreement

第４１条〔表題〕

　本契約において使用される各条項の見出しは、単に参照の便宜のために付されたも

| are inserted for convenience of reference only and shall not affect the interpretation of the respective articles and paragraphs of this Agreement. | のであり、本契約の各条項の解釈に影響を与えるものではない。 |

第４１条〔表題〕

　この契約例のように、各条項に「見出し」としての便宜上、その条項の内容を簡潔に示す表題をつけることが多い。そのような場合、その表題自体は内容とは無関係なものであり、内容の解釈に際して当事者を拘束するような効力を有するものではない旨を念のため規定しておくこともある。

■　Language／言語

| **Article 42 Language**　　This Agreement has been executed in English language. No translation into Japanese or any other language shall be taken into consideration in the interpretation of this Agreement. | **第４２条〔言語〕**　　本契約は、英語により作成される。日本語または他のいかなる言語への翻訳も、本契約の解釈において考慮されるものではない。 |

第４２条〔言語〕

　契約書の作成のために使用する言語は、一言語にしておくのが適当である。二言語以上で作成すると、その内容について完全なる同一性を期することは技術的に困難であるからである。複数の言語間の不一致が原因で、解釈について混乱が生ずることを避けるべきである。

■ 末尾文言および署名欄

IN WITNESS WHEREOF, the parties hereto have caused this Agreement to be executed in two（2）copies by their respective duly authorized officer or representative as of the day first above written.

_____ Company Limited

_____

President:

_____ Company Limited

_____

President:

本契約を証するため、両当事者は、本契約を 2 部作成し、適法に授権されたそれぞれの役員または代表者により、冒頭に記載された日付をもって署名せしめた。

_____ 株式会社

_____

社長：

_____カンパニーリミテッド

_____

社長：

解説

末尾文言および署名欄

　この合弁契約が両当事者の正当な代表者、または正当に授権された者によって署名され、成立したことの宣言文である。

　署名は代表権、または代表権者の委任のある者がなさなければならない。そのために署名者の肩書をも明確に表示しておくべきである。

III. 仲裁条項のドラフティング

1. 仲裁とは
（1）法制度としての仲裁

　一般に、仲裁とは「争いの間に入り、両者を取りなし仲直りをさせること」との意味で使われることが多いが、法制度としての仲裁は、紛争当事者間の合意により仲裁人が紛争解決をするものである。分かりやすく言えば、仲裁は法律で認められた私設の裁判である。

　仲裁は、当事者の合意、すなわち、仲裁合意がその根幹である。仲裁合意とは、当事者が紛争の解決を第三者の判断に委ね、その判断に従う旨の合意である。仲裁合意において様々なことを決めておくことはできるものの、細かく合意事項を定めることは煩雑であるので、日本商事仲裁協会（JCAA）のような仲裁機関の仲裁規則によることを定めておくのが普通である。通常、契約書中に仲裁条項として定めておく。仲裁合意があるにもかかわらず、一方の当事者が裁判所に提訴した場合には、他方の当事者が仲裁合意の存在を主張すれば（妨訴抗弁）、裁判所はその訴えを却下することになる。

　仲裁において、裁判官の役割を果たす第三者を仲裁人という。当事者が裁判官を選ぶことはできないが、仲裁人は当事者が合意により選ぶことができる。1名の仲裁人とすることを合意していて、その選任について合意できなければ、仲裁条項において指定している仲裁機関の規則により、その仲裁機関が決定をする。例えば、JCAA の「商事仲裁規則」や「インタラクティヴ仲裁規則」では、3名の仲裁人とすることを合意している場合には、各当事者が1名の仲裁人を選任し、そうして選任された2名の仲裁人が最後の1名を選任する。この合意ができない場合にも JCAA が決定することになる。仲裁人は、当事者の一方が、仲裁手続を無視して何ら対応しない場合でも、仲裁手続を進めることができ、仲裁判断を下すことができる。

　仲裁判断は、確定判決と同一の効力があり、相手方が任意に履行しない場合は、裁判所により強制執行してもらうことができる。

（2）仲裁の特長
（a）国際性

　仲裁法によれば、仲裁判断には、確定判決と同一の効力が認められている。判決の場合には、外国で日本の裁判所の判決の効力が認められるかどうかはその外国の法律次第であるが、仲裁判断の場合には、他の締約国においてされた仲裁判断を一定の要件のもとに承認し、これに基づき強制執行すること約束した「外国仲裁判断の承認および執行に関する条約」（ニューヨーク条約）がある。現在、ニューヨーク条約の締約国は160カ国以上であり、ほぼすべての国が締約国になっているということができる。

　なお、非締約国のうち、わが国と取引の多い国として台湾がある。しかし、台湾は自国の仲裁法においてニューヨーク条約と同様の要件を定めている。

（b）中立性

　仲裁は、手続および判断の中立性を確保することができる。異なる国の当事者の間の取引をめぐる紛争を、一方当事者の国の裁判所によって解決することは、手続法や言語などの違い、さらには適切な弁護士の選任や管理ができないといったことなどから、他方当事者にとって不利である。また、腐敗した裁判官がいる国もある。この点、仲裁は当事者間の合意に基づく紛争解決制度であり、仲裁人の選任、手続言語、手続の進め方などについて、広く当事者の合意によることが認められている。例えば、中国企業と日本企業と間の紛争であっても、英語により、第三国籍の仲裁人による仲裁によって解決することもできる。

（c）手続の柔軟性

　訴訟では、手続のルールは訴訟法に定められており、これを変更することは認められない。他方、仲裁は当事者の合意を基礎にするものであり、当事者が合意により手続の進め方を決めることができる。たとえば、紛争解決期間を6カ月と限定して、その期間内に仲裁判断を下すことを仲裁人に求めることや、手続のすべてを書面やテレビ会議によってのみ行うことも可能である。

（d）非公開性

　訴訟では、一般に手続が公開される。わが国では、憲法82条1項は「裁判の対審及び判決は、公開法廷でこれを行ふ。」と規定している。他方、例えばJCAA仲裁の場合、仲裁を行っていることや仲裁判断の内容について仲裁人も当事者も守秘義務を負っているので、業界の他社に知られることはない。

（e）迅速性

　訴訟は三審制であり、最高裁まで争われると数年はかかる。これに対し、仲裁では、仲裁判断が下されれば、これに対する上訴はできないので、訴訟と比べると迅速に紛争解決を得ることができる。

2．仲裁条項のヒント

　当事者は、仲裁法の公の秩序に関する規定に反しない限り、どのように仲裁手続を行うかを自由に決めることができる。仲裁には仲裁機関を利用して仲裁手続を行う「機関仲裁」と仲裁機関を利用しないで当事者のみで仲裁手続を行う「アド・ホック仲裁」の2つがあるところ、「アド・ホック仲裁」では、現実にうまく仲裁手続が進まないだけでなく、仲裁合意が一応存在するために訴訟ができないという八方塞がりになったケースもある。仲裁に不慣れな場合には、JCAAのような仲裁機関を利用した「機関仲裁」が安全である。

　機関仲裁を利用する場合の仲裁条項のドラフティングでは、利用する規則を特定するだけを定めることもあるが、これに加えて、具体的な手続の方法、仲裁人の資格・数、仲裁手続の言語、手続費用の負担などの定めを盛り込むこともある。以下では、様々な仲裁条項の具体例をあげ、それぞれの特長について考える。

（1）JCAA の 3 つの仲裁規則に基づく仲裁条項

JCAA では、（a）商事仲裁規則、（b）インタラクティヴ仲裁規則、（c）UNCITRAL 仲裁規則、以上 3 つの仲裁規則に基づく仲裁を提供している。これらの仲裁規則はそれぞれに特長を有し、当事者はその中からふさわしい規則を選択することができる。これらの仲裁規則は JCAA のウェブサイト（http://www.jcaa.or.jp/）からダウンロードが可能である。

（a）商事仲裁規則によって仲裁を行う場合の仲裁条項例

All disputes, controversies or differences arising out of or in connection with this Agreement shall be finally settled by arbitration in accordance with the Commercial Arbitration Rules of The Japan Commercial Arbitration Association. The place of the arbitration shall be Tokyo, Japan.	この契約から又はこの契約に関連して生ずることがあるすべての紛争、論争又は意見の相違は、一般社団法人日本商事仲裁協会の商事仲裁規則に従って仲裁により最終的に解決されるものとする。仲裁地は東京（日本）とする。

解説

商事仲裁規則【日本語・英語】は、UNCITRAL 仲裁規則の規定を基礎にし、その上で、最新の国際実務を反映した規定を備え、かつ、実務上争いが生じ得る論点についてきめ細やかに対応した仲裁規則である。特長的な規定は、以下のとおりである。

- 迅速仲裁手続に関する規定
- 緊急仲裁人による保全措置命令に関する規定
- 複数の契約から生ずる紛争を 1 つの仲裁手続で解決することに関する規定
- 多数当事者が関与する紛争を 1 つの仲裁手続で解決することに関する規定
- 仲裁手続中の調停に関する規定
- 仲裁人による補助者の利用に関する規定
- 第三仲裁人の選任について当事者選任仲裁人が一方当事者の意見を個別に聴く場合に関する規定
- 少数意見の公表の禁止に関する規定

（b）インタラクティヴ仲裁規則によって仲裁を行う場合の仲裁条項例

All disputes, controversies or differences arising out of or in connection with this Agreement shall	この契約から又はこの契約に関連して生ずることがあるすべての紛争、論争又は意見の相違は、一般社団法人日本商事仲裁協

be finally settled by arbitration in in accordance with the Interactive Arbitration Rules of The Japan Commercial Arbitration Association. The place of the arbitration shall be Tokyo, Japan.	会のインタラクティヴ仲裁規則 に従って仲裁により最終的に解決されるものとする。仲裁地は東京（日本）とする。

解説

　インタラクティヴ仲裁規則【日本語・英語】は、商事仲裁規則と共通する規定を有しつつ、その上で、仲裁廷が争点の明確化に積極的に関与し、かつ、当事者が主張立証活動を効率的・効果的に行うことができるようにするための工夫として、以下のような特長的な規定を置いている。
- ■　仲裁廷は、手続の出来るだけ早い段階で、当事者に対し、当事者の主張の整理及び暫定的な争点について書面で提示し、当事者の意見を求めなければならない。
- ■　仲裁廷は、遅くとも証人尋問の要否について決定をする前に、当事者に対し、重要な争点に関する暫定的な見解を書面で提示しなければならない。

(c) UNCITRAL 仲裁規則＋ UNCITRAL 仲裁管理規則によって仲裁を行う場合の仲裁条項例

All disputes, controversies or differences arising out of or in connection with this Agreement shall be finally settled by arbitration in accordance with the UNCITRAL Arbitration Rules supplemented by the Administrative Rules for UNCITRAL Arbitration of The Japan Commercial Arbitration Association. The place of the arbitration shall be Tokyo, Japan.

解説

　UNCITRAL 仲裁規則（＋ UNCITRAL 仲裁管理規則）【英語のみ】には、以下の特長がある。
- ■　国際連合国際商取引委員会（UNCITRAL）が作成した仲裁規則である。
- ■　仲裁手続を円滑に行う上で最低限必要なルールを規定している。
- ■　UNCITRAL 仲裁管理規則は、UNCITRAL 仲裁規則に基づき JCAA が事務局として仲裁手続の初めから終りまでサポートをする上で必要な事項について定めたものであり、UNCITRAL 仲裁規則を補完するものである。

(2) 機関仲裁条項（仲裁機関を指定する仲裁条項）

All disputes, controversies or differences arising out of or in	この契約から又はこの契約に関連して生ずることがあるすべての紛争、論争又は意

connection with this Agreement shall be finally settled by arbitration in accordance with the Commercial Arbitration Rules of The Japan Commercial Arbitration Association. The place of the arbitration shall be Tokyo, Japan.	見の相違は、<u>一般社団法人日本商事仲裁協会</u>の商事仲裁規則に従って仲裁により最終的に解決されるものとする。仲裁地は東京（日本）とする。

解説

　仲裁には仲裁機関を利用して仲裁手続を行う「機関仲裁」と仲裁機関を利用しないで当事者のみで仲裁手続を行う「アド・ホック仲裁」の２つがあるが、「機関仲裁」を選択する場合、どのような仲裁機関を利用すべきかが問題となる。

　仲裁というのは、仲裁条項を含む契約を締結した後、実際に仲裁を利用するのは数年後、数十年後のことになる。JCAA の仲裁事件でも、10 年、20 年前に締結した契約に基づいて仲裁申立てがなされることは、決して珍しいことではない。したがって、仲裁機関の選択においては、仲裁機関の存続性というものがとても重要な要素である。契約締結時に存在していたとしても、実際に紛争が生じて仲裁を申し立てようと思ったら、仲裁機関が無くなっていれば、仲裁での紛争解決手段が失われてしまう。仲裁機関はウイスキーの醸造メーカーのようなもので、よいウイスキーを仕込んでもそれが現実に利益を生むまでには一定の期間を要するため、その一定期間を生き延びる必要があり、資金不足で消滅してしまうおそれがある。

　近年、国際仲裁の発展に伴って、各国で次々に新しい仲裁機関が設立されているが、特に、新しい仲裁機関の場合には、安易に選択するようなことはせず、その存続性について調査する必要がある。この点、JCAA は、1950 年に日本商工会議所の国際商事仲裁委員会として設置されて以降、半世紀以上にわたる歴史を有し、財政基盤も数多くの会員の支援と他事業からの収益によって安定しており、さらに何よりカントリーリスクのない日本の仲裁機関であるので、その存続性にいささかの問題もない。

（３）仲裁規則を規定する仲裁条項

All disputes, controversies or differences arising out of or in connection with this Agreement shall be finally settled by arbitration in accordance with the Interactive Arbitration Rules of the Japan Commercial Arbitration Association.	この契約から又はこの契約に関連して生ずることがあるすべての紛争、論争又は意見の相違は、一般社団法人日本商事仲裁協会の<u>インタラクティヴ仲裁規則</u>に従って仲裁により最終的に解決されるものとする。

　仲裁は当事者自治を基本とする紛争解決方法である。当事者は、仲裁法の公の秩序に関する規定に反しない限り、どのように仲裁手続を行うかを自由に決めることができる。したがって、当事者が仲裁手続の一つ一つについて検討し決めても良いが、実際にそのようなことをすることは大変面倒であるし、そもそも仲裁手続に不慣れな当事者にとっては、とても難しいことである。そこで、手続管理の専門機関である仲裁機関が、仲裁手続を行うためにドラフトした手続準則の「セット」を利用することになる。これが仲裁規則である。仲裁規則は、仲裁手続の細部に至るまで検討して、円滑にかつ実効的な紛争解決を実現するための様々な事項を定めたものであり、これを契約で採用することによって、当事者の合意内容になるので、個々の事項についての交渉の手間を省くことができる。

　とはいえ、特定の仲裁規則による仲裁を定める条項を契約に盛り込むということは、その仲裁規則が定めている内容のすべてを合意するということを意味するので、本来は仲裁規則の内容を事前にチェックして、万一紛争が発生した場合に自分の側にとって不都合はないのか、有利なのかを検討する必要がある。しかし、実際のところ、法務担当者であっても、仲裁の経験が豊富な方は滅多にいないので、仲裁規則を読んでみても、どのような状況が生じる可能性があるのか、その際にその規定はどのように作用するのかを評価することは難しい。そのような場合であっても、少なくとも、①仲裁人の選任手続の規定、②仲裁地を定める規定、③手続言語を定める規定、④仲裁人報償金や管理料金を定める規定、以上4つの規定については必ず確認する必要がある。

　上記の仲裁条項では、JCAAの「インタラクティヴ仲裁規則」が規定されている。インタラクティヴ仲裁規則は、仲裁廷が争点の明確化に積極的に関与することによって、当事者が主張立証活動を効率的に行うことができるよう工夫された仲裁規則である。上記の4つの点については、次のとおりになっている。

　①の仲裁人選任は当事者自治が原則であり、決められない場合にはJCAAが定めることになっている。②の仲裁地について当事者間の合意がない場合には、申立人が仲裁申立書を提出したJCAAの事務所の所在地（東京、横浜、名古屋、大阪、神戸）が仲裁地となる。③の手続言語について当事者が合意できない場合には、仲裁廷が契約書の言語や通訳・翻訳の要否やその費用等を勘案して決定するとされている。④のうち、仲裁人報償金については、請求額に応じた定額制が採用されている点に特徴がある。たとえば、請求額が5000万円以上1億円未満で、仲裁人1名の場合には、200万円であるので、予め紛争解決コストの計算が可能となる。

　仲裁条項は「真夜中の条項」（midnight clauses）の一つとされ、契約交渉の最終段階で、十分検討されることなくドラフトされることもあるが、いざ紛争が発生したときになってから適用される仲裁規則を読んで、遠隔地での仲裁を強いられるといった不利を悟ることがないように、事前のチェックを怠らないようにしなければならない。

(4)「商事仲裁規則」の迅速仲裁手続によって仲裁を行う場合の仲裁条項

All disputes, controversies or differences arising out of or in connection with this Agreement shall be finally settled by arbitration in accordance with the expedited arbitration procedures of the Commercial Arbitration Rules of The Japan Commercial Arbitration Association. The place of the arbitration shall be Tokyo, Japan.

この契約から又はこの契約に関連して生ずることがあるすべての紛争、論争又は意見の相違は、一般社団法人日本商事仲裁協会の商事仲裁規則の迅速仲裁手続に従って仲裁により最終的に解決されるものとする。仲裁地は東京（日本）とする。

解説

　商事仲裁規則第2編に定める迅速仲裁手続によって仲裁を行う場合の仲裁条項である。迅速仲裁手続は、原則、5,000万円未満の紛争を処理するために使われる仲裁手続である。仲裁人は1人で、仲裁廷の成立日から3か月以内に仲裁判断をするよう努めることとされている。一般に小額紛争に利用される手続であるが、高額紛争であっても、例えば、金銭消費貸借契約に関連する紛争など、主張・立証が比較的容易な事件にも適していると思われる。

(5) 仲裁人の要件や数を規定する仲裁条項

All disputes, controversies or differences arising out of or in connection with this Agreement shall be finally settled by arbitration in accordance with the Commercial Arbitration Rules of The Japan Commercial Arbitration Association. The place of the arbitration shall be Tokyo, Japan. (i) The arbitrator shall be in possession of qualification of a lawyer in Japan. (ii) The number of the arbitrators shall be（　）.

この契約から又はこの契約に関連して生ずることがあるすべての紛争、論争又は意見の相違は、一般社団法人日本商事仲裁協会の商事仲裁規則に従って仲裁により最終的に解決されるものとする。仲裁地は東京（日本）とする。(i) 仲裁人は日本の弁護士資格を有する者とする。(ii) 仲裁人の数は、（　）人とする。

(i) 仲裁人の要件

　当事者は仲裁条項において仲裁人の要件を自由に定めることができるが、現実的に選任が可能な要件を規定する必要がある。極端な例として、JCAA は、過去に、①フランスの弁護士資格を有し、②日本語で仲裁手続を行うことができ、③国際的な建設紛争に 10 年以上の経験がある者、という要件を定めてもよいかとの問い合わせを受けたことがある。もちろん、これらの条件を仲裁人の要件として定めることは可能であるが、現実的に、これらすべての要件を満たす仲裁人を探すことは極めて困難であると思われる。日本の仲裁法 18 条 1 項 1 号は、当事者の合意により定められた仲裁人の要件を具備しないことを忌避の原因として挙げている。特別の要件を仲裁条項に盛り込む際は、実際に機能するか否かをよく検討しなければならない。

(ii) 仲裁人の数

　一般に、仲裁実務では、仲裁人の意見が分かれて手続が行き詰まらないようにするために、1 人又は 3 人とされ、3 人の場合には両当事者が各 1 名を選任し、そうして選任された 2 名の仲裁人が 3 人目の仲裁人を選任することとされている。仲裁人の数は、当事者の合意によって定めることができるため、仲裁条項のドラフティングの際に、仲裁人の数を予め規定するか否か、規定する場合には何人と規定するかが問題となる。

　一見すると、1 人より 3 人のほうが、より慎重な判断を期待することができ、何より、自ら選任した仲裁人を仲裁廷の中に送り込むことできるのでよさそうに思われる。しかし他方で、単純に 3 倍の仲裁人報償金及び仲裁人経費を要する。手続期間についても、各仲裁人の都合の調整や合議の時間がかかるため、単独仲裁人による仲裁手続より、長い期間がかかる。

　仲裁人の数を決める上で、もっとも重要なことは、発生し得る紛争の規模と複雑さの予測である。JCAA 仲裁では、過去に、2000 万円～ 3000 万円程度の請求金額の単純な事件で、仲裁条項に仲裁人の数が 3 人と規定されていたため、3 人で仲裁廷を構成し、手続を実施した例がある。この事件では仲裁人の数は 1 人で十分であったと思われる。また、仲裁条項に仲裁人の数が 3 人と規定されている場合であって、迅速仲裁手続による旨の規定がないときには、紛争金額が 5000 万円未満の小額紛争であっても、商事仲裁規則 84 条 1 項ただし書により、迅速仲裁手続が適用されなくなる。

　高額で複雑な紛争の発生が予想されるということであれば、仲裁人の数を 3 人と定める仲裁条項とすることでもよいが、そのような予測が立たない場合には、仲裁人の数は規定しないほうがよい。当事者間に仲裁人の数について合意がない場合には、商事仲裁規則 26 条 1 項により、その数は 1 人となる。これは、当事者が 2 人の場合であって仲裁人の数について合意ができないときは、仲裁人の数は 3 人とすると定める仲裁法 16 条 2 項の適用を排除する合意として有効である。そして、商事仲裁規則 26 条 3 項により、いずれの当事者も、被申立人が仲裁申立ての通知を受領した日から 4 週間以内に、JCAA に対し、仲裁人の数を 3 人とすることを書面により求めることができ、この場合において、JCAA は紛争の金額、事件の難易その他の事情を考慮し、これを適当と認めたときは、仲裁人は 3 人とすることができる。

したがって、契約から発生する紛争の規模と複雑さの予測が困難な場合には、仲裁人の数は定めず、その数の決定を JCAA にお任せいただくことをお勧めする。

(6) 仲裁手続の言語を規定する仲裁条項

<table>
<tr><td>

All disputes, controversies or differences arising out of or in connection with this Agreement shall be finally settled by arbitration in accordance with the Commercial Arbitration Rules of The Japan Commercial Arbitration Association. The place of the arbitration shall be Tokyo, Japan. <u>The arbitral proceedings shall be conducted in Japanese.</u>

</td><td>

　この契約から又はこの契約に関連して生ずることがあるすべての紛争、論争又は意見の相違は、一般社団法人日本商事仲裁協会の商事仲裁規則に従って仲裁により最終的に解決されるものとする。仲裁地は東京（日本）とする。<u>仲裁手続は日本語によって行なう。</u>

</td></tr>
</table>

解説

　当事者は仲裁手続の言語（以下「手続言語」）を自由に定めることができる。例えば、「商事仲裁規則」や「インタラクティヴ仲裁規則」に基づく仲裁手続では、当事者間に、手続言語を定める合意がない場合には、仲裁廷が手続言語を決定する。仲裁廷は、手続言語の決定に当たり、仲裁合意を規定する契約書の言語、通訳及び翻訳の要否並びにその費用その他の関連する事情を考慮しなければならないとされている。一般に、国際契約書は英語で作成されていることが多く、その結果、手続言語の合意がない場合には、英語が手続言語となっている。日本企業にとって、英語で手続を実施することは負担が大きいため、日本語で仲裁手続を行ないたい場合には、予めその旨を仲裁条項に定めておく必要がある。

　仲裁条項で、たとえば「仲裁手続は英語及び日本語による。」といったように、複数の仲裁手続の言語を規定することもできる。しかし、これは実務的には問題が発生しやすく、費用や労力も大きい。というのは、上記の条項例によれば、日本語だけで書面を提出することができるのか、それとも日本語と英語の両方の言語で書面を提出しなければならないのかが定かではないからである。仮に、日本語の書面だけで、よいとされる場合であっても、仲裁廷の中に英語しか理解できない仲裁人がいる場合には、結局、英語の書面も提出せざるを得なくなる。したがって、日本語と英語のいずれの言語でも手続を行なえるようにするためには、仲裁人は両方の言語を問題なく使いこなせることを要件とするといった定めもしておくのが望ましいということになる。たとえば、次のような条項である。

<table>
<tr><td>

The arbitral proceedings shall be conducted in Japanese or English.

</td><td>

　仲裁手続の言語は日本語又は英語によって行なう。仲裁人は、日本語および英語で

</td></tr>
</table>

The Arbitrator shall be competent to conduct the arbitral proceedings in both Japanese and English.	仲裁手続を行なえなければならない。

　しかし、そのような言語能力を有する適任者の絶対数は少なく、仲裁人選任作業が難航することが想定される。このように、複数の手続言語も定めるという条項は注意を要する。

（7）仲裁費用の負担を定める仲裁条項

All disputes, controversies or differences arising out of or in connection with this Agreement shall be finally settled by arbitration in accordance with the Commercial Arbitration Rules of The Japan Commercial Arbitration Association. The place of the arbitration shall be Tokyo, Japan. 　The losing party shall bear the arbitrator's remuneration and expenses, the administrative fee and other reasonable expenses incurred with respect to the arbitral proceedings (hereinafter the "Arbitration Cost"). In the case where a part of claims is admitted, the Arbitration Cost shall be borne in accordance with the determination of the arbitral tribunal at its discretion. The parties shall each bear their own costs as well as counsels' and other experts' fees and expenses in the arbitral proceedings.	この契約から又はこの契約に関連して生ずることがあるすべての紛争、論争又は意見の相違は、一般社団法人日本商事仲裁協会の商事仲裁規則に従って仲裁により最終的に解決されるものとする。仲裁地は東京（日本）とする。 　仲裁人報償金、仲裁人経費、管理料金、その他の仲裁手続のための合理的費用（以下「仲裁費用」）は、敗れた当事者が負担する。請求の一部のみが認められた場合における各当事者の仲裁費用の負担は、仲裁廷が、その裁量により定める。各当事者は、仲裁手続における当事者自身の費用並びに代理人その他の専門家の報酬及び経費を負担する。

　商事仲裁規則80条1項では、仲裁手続の費用として、①仲裁人報償金、仲裁人経費、管理料金、その他の仲裁手続のための合理的な費用のほか、②当事者が負担する代理人その他の専門家の報酬及び経費をあげており、同条2項で仲裁人が、当事者の負担割合を決定すると定めている。仲裁は当事者自治に基づく手続であるので、仲裁手続の費用負担についても当事者が定めることができる。JCAA仲裁の過去の例をみると、仲裁手続のために当事者が負担するコストの8割から9割は代理人への報酬及び経費の支払いである。なお、代理人の報酬は中小の法律事務所より大手事務所、日本の法律事務所より外国の法律事務所の方が高額であるのが通常である。

　条項例では、上記の①については、敗れた当事者が仲裁費用を負担することとし、一部の請求が認められた場合（部分的に敗れた場合）には仲裁廷が裁量で各当事者の負担を決定すると定め、②については各当事者が自分自身の費用並びに代理人その他の専門家の報酬及び費用を負担すると定めている。

(8) 多層的紛争解決条項

The parties shall attempt to negotiate in good faith for a solution to all disputes, controversies or differences arising out of or in connection with this Agreement (hereinafter referred to as "disputes").

If the disputes have not been settled by negotiation within [two] weeks from the date on which one party requests to other party for such negotiation, the parties shall attempt to settle them by mediation in accordance with the Commercial Mediation Rules of the Japan Commercial Arbitration Association (hereinafter referred to as "JCAA"). The parties shall conduct the mediation in good faith at least [one] month from the date of filing.

If the disputes have not been settled by the mediation, then they shall be finally settled by arbitration in accordance with the Commercial

　当事者は、この契約から又はこの契約に関連して生ずることがあるすべての紛争、論争又は意見の相違（以下、「紛争」という）の解決のために、誠実に協議するように努めなければならない。

　一方の当事者が相手方の当事者に対し、協議の要請を行った日から [2] 週間以内に、協議によって紛争が解決されなかったときは、当事者は一般社団法人日本商事仲裁協会（以下、「JCAA」という）の商事調停規則に基づく調停を試みるものとする。当事者はその申立ての日から少なくとも [1] カ月、誠実に調停を行わなければならない。

　上記の調停によって紛争が解決されなかったときは、紛争はJCAAの商事仲裁規則に従って仲裁により最終的に解決されるものとする。仲裁地は東京（日本）とする。

Arbitration Rules of the JCAA. The place of the arbitration shall be Tokyo, Japan.

解説

　仲裁費用の高額化や仲裁手続の長期化の懸念から、その解決策の１つとして、当事者に仲裁手続を開始する前に、交渉や調停によって紛争解決を試みることを義務づける手続が採用されることがある。上記の「多層的紛争解決条項」では、紛争が生じた場合には、まず初めに、当事者は誠実な「交渉」による解決を試みて、それにより解決ができなかった場合には、次に中立的な第三者を介した交渉である「調停」を利用し、それでもなお、紛争の解決に至らない場合には、最終的に、強制的な手続である「仲裁」で解決するという段階的な紛争解決手続となっている。

　多層的紛争解決手続において注意すべきことは、交渉や調停の手続が、紛争を解決したくない当事者に、遅延策として利用されないように、予め手続期間を決めておく必要がある（上記の多層的紛争解決条項において少なくとも１カ月は調停を行うことを義務付けているが、この期間を定めていない場合にはJCAAの商事調停規則には期間の定めがあり、それは当事者が別段の合意をしない限り３カ月となっている）。

　また、多層的紛争解決手続では、相手方が誠実に交渉によって解決する姿勢がある場合には効果が期待されるが、現実に紛争が発生した場合に協議や調停による解決が期待できないこともあり得るので、期間を余り長く設定していると、その期間、最終的な解決手段である仲裁を開始できないことになってしまうので、ドラフティングの際にはそのことも考慮する必要がある。

(9) 交差型仲裁条項（クロス条項）

　All disputes, controversies or differences arising out of or in connection with this Agreement shall be finally settled by arbitration. If arbitral proceedings are commenced by X (foreign corporation), arbitration shall be held pursuant to the Commercial Arbitration Rules of The Japan Commercial Arbitration Association and the place of arbitration shall be Tokyo, Japan; if arbitral proceedings are commenced by Y (Japanese corporation), arbitration shall be held

　この契約から又はこの契約に関連して、当事者の間に生ずることがあるすべての紛争、論争又は意見の相違は、仲裁により最終的に解決されるものとする。X（外国法人）が仲裁手続を開始するときは、一般社団法人日本商事仲裁協会の商事仲裁規則に基づき仲裁を行い、仲裁地は東京（日本）とする。Y（日本法人）が仲裁手続を開始するときは、（仲裁機関の名称）の（仲裁規則の名称）に基づき仲裁を行い、仲裁地は（外国の都市名）とする。

　当事者の一方が上記の地のうちの一においてその仲裁機関の規則に従って仲裁手続

pursuant to (the name of rules) of (the name of arbitral institution) and the place of arbitration shall be (the name of the city in foreign country).

Once one of the parties commences arbitral proceedings in one of the above places in accordance with the rules of the respective arbitral institution, the other party shall be exclusively subject to the arbitral proceedings and shall not commence any arbitral proceedings as well as court proceedings. The time receipt of the request for arbitration by the arbitral institution determines when the arbitral proceedings are commenced.

を開始した場合には、他方の当事者はその仲裁手続に排他的に服し、他の仲裁手続も訴訟手続も開始してはならない。その仲裁機関によって仲裁申立てが受領された時をもって、仲裁手続がいつ開始したかを決定する。

解説

　交差型仲裁条項は仲裁の相手方（これを通常、仲裁の被申立人という）の所在地を仲裁地として仲裁手続を行うことを定める仲裁条項である。被告地主義仲裁条項や Finger pointing clause とも呼ばれている。相手方の仲裁機関は通常、相手国の仲裁機関が規定される。この仲裁条項の場合、相手方が契約違反をした場合、相手国で仲裁を行うことになるので、相手方が契約違反をする危険性が高い場合には注意が必要である。また、理論的には、仲裁申立てを受けた当事者が、反対請求の申立てではなく、別途、相手国において仲裁を申し立てる可能性があるため、そのような事態を避けるためには、一つの仲裁手続が開始した場合には、別の仲裁手続を開始することはできない旨の定めも合わせて規定しておくことがより望ましい。

(10) 準拠法条項と仲裁条項

1. This contract shall be governed by and construed under the laws of Japan.
2. All disputes, controversies or differences arising out of or in connection with this Agreement shall be finally settled by arbitration in accordance with the Commercial

1. この契約は日本法に準拠し、解釈されるものとする。
2. この契約から又はこの契約に関連して生ずることがあるすべての紛争、論争又は意見の相違は、一般社団法人日本商事仲裁協会の商事仲裁規則に従って仲裁により最終的に解決されるものとする。仲裁地は東京（日本）とする。

Arbitration Rules of The Japan
Commercial Arbitration Association.
The place of the arbitration shall be
Tokyo, Japan.

解説

　契約の準拠法を定める条項は仲裁条項などの紛争解決条項とは別に定められることもあるが、上記のように、1項と2項として、両者をセットにして定められることもある。しかし、そもそも、この2つは異なる機能を果たすものであるので、以下のことを十分に認識しておくことが必要である。

　紛争解決条項は、紛争の発生に備えて定めるものであり、紛争が発生してはじめてその適用が問題になる。これに対して、準拠法条項は、紛争が発生するかしないかとは関係なく、契約がスムーズに履行されている間も、当事者間の権利義務及び法律関係の発生、効力、終了などを規律し続ける。

　JCAAへの相談事例として、被申立人の国での仲裁を行うことを定める「交差型仲裁条項」（上記（9））を採用するつもりであるところ、準拠法条項もこれと一体化させ、被申立人の国の法による旨を定めることにしてよいか、とのご質問を受けたことがある。仲裁条項を交差型にするのは、仲裁申立てをする際のハードルを上げ、申立てに踏み切る前の和解交渉や調停が促進されるという効果を期待することができる。

　しかし、準拠法条項をそれに合わせて交差型にしてしまうと、仲裁申立てをいずれの当事者が行うかによって、準拠法が違うということになるので、仲裁申立てがあるまでは準拠法は定まっていないことになる。そうすると、契約は果たして成立しているのか、契約不履行が発生しているのかといった問題について、仲裁申立てまでは準拠法が決まらず、したがって、一義的な答えが得られないことになり、混乱が生ずることになります。準拠法条項と仲裁条項との役割を正しく理解していれば、交差型の準拠法条項はあり得ないことである。

　なお、準拠法条項について付言すると、当事者間で合意すれば準拠法を定めることができるということは、法の適用に関する通則法7条により、特に仲裁による解決の場合には仲裁法36条により定められている。もっとも、それはあくまで契約問題についてであり、会社の代表権には会社設立準拠法が、担保物権には担保目的物の所在地法（債権を目的とする場合にはその債権の準拠法）が適用される等、契約以外の問題については問題に応じて異なる準拠法が適用されることになります。また、代理店の保護規制とか、競争法（独禁法）等の公法上の問題も、準拠法条項では如何ともし難く、複数の国の公法の適用範囲に入っていれば、複数の国の公法の適用もあり得る。

　また、契約問題に限ってみても、安易に契約相手の国の法によることに合意してしまうと、契約書のチェックの段階から紛争の場面まで全ての局面で当該国の弁護士に相談しなければならなくなり、時間とコストがかかることにも注意が必要である。

「そのまま使えるモデル英文契約書シリーズ」のご案内

書名	版型	ISBN コード	本体価格
そのまま使えるモデル英文契約書シリーズ 委託販売契約書（CD-ROM 付）	B5 版	978-4-910250-00-7	¥2,000
そのまま使えるモデル英文契約書シリーズ 委託加工契約書（CD-ROM 付）	B5 版	978-4-910250-01-4	¥2,000
そのまま使えるモデル英文契約書シリーズ 購入基本契約書（CD-ROM 付）	B5 版	978-4-910250-02-1	¥2,000
そのまま使えるモデル英文契約書シリーズ OEM（委託者側）製品製造供給契約書【輸入用】（CD-ROM 付）	B5 版	978-4-910250-03-8	¥2,000
そのまま使えるモデル英文契約書シリーズ OEM（製造者側）製品製造供給契約書【輸出用】（CD-ROM 付）	B5 版	978-4-910250-04-5	¥2,000
そのまま使えるモデル英文契約書シリーズ 総代理店契約書【輸入用】（CD-ROM 付）	B5 版	978-4-910250-05-2	¥2,000
そのまま使えるモデル英文契約書シリーズ 総代理店契約書【輸出用】（CD-ROM 付）	B5 版	978-4-910250-06-9	¥2,000
そのまま使えるモデル英文契約書シリーズ 合弁契約書（CD-ROM 付）	B5 版	978-4-910250-07-6	¥2,000
そのまま使えるモデル英文契約書シリーズ 実施許諾契約書【許諾者用】（CD-ROM 付）	B5 版	978-4-910250-08-3	¥2,000
そのまま使えるモデル英文契約書シリーズ 秘密保持契約書・共同開発契約書（CD-ROM 付）	B5 版	978-4-910250-09-0	¥2,000
そのまま使えるモデル英文契約書シリーズ 技術ライセンス契約書【中国語版付】（CD-ROM 付）	B5 版	978-4-910250-10-6	¥2,000
そのまま使えるモデル英文契約書シリーズ 販売基本契約書（CD-ROM 付）	B5 版	978-4-910250-11-3	¥2,000